8° F Pièce
3696

Abbé J. BRELLAZ

DEUXIÈME ÉDITION

LES CONDITIONS DE LA SÉCULARISATION

CONSEILS PRATIQUES

AUX RELIGIEUX ET RELIGIEUSES ENSEIGNANTS
qui se sécularisent

ET AUX PROPRIÉTAIRES D'ÉCOLES
qui les emploient

SAINT-MAIXENT

E. PAYET, Imprimeur-Éditeur

1903

LES CONDITIONS DE LA SÉCULARISATION

PREMIÈRE ÉDITION

En lisant un grand nombre de jugements de tribunaux relatifs aux ouvertures d'écoles par des Religieux et des Religieuses sécularisés, nous avons pu constater que, par ignorance de ce qu'ils doivent faire et éviter, certains Religieux et Religieuses qui se sécularisent et même certains supérieurs et supérieures de Congrégation commettent de bonne foi des imprudences qui font douter de la réalité de la sécularisation et amènent pour les Religieux sécularisés et pour les propriétaires d'écoles qui les emploient des poursuites et des condamnations judiciaires.

Nous avons cru utile d'indiquer en quelques pages les précautions les plus élémentaires à prendre pour donner à la sécularisation son caractère authentique de sincérité. Ces pages — avons-nous besoin de le dire — n'ont aucune prétention juridique. Elles renferment peut-être des erreurs et assurément de nombreuses lacunes : dans l'état actuel de la jurisprudence, il est impossible de tracer les règles certaines de la sécularisation des religieux. La loi civile ne les a pas encore déterminées.

Nous serons reconnaissant aux lecteurs de nous signaler ces erreurs et ces lacunes et de nous transmettre toutes les observations qu'ils jugeront utiles. Nous mettrons à profit toutes ces critiques dans une deuxième édition.

Puissent ces pages, si incomplètes et imparfaites qu'elles sont, rendre quelques services aux Religieux et Religieuses qui se sécularisent et aux propriétaires d'écoles qui, malgré les difficultés multiples de l'heure présente, n'hésitent pas à continuer leur mission de dévouement !

Abbé J. BRELLAZ,

à Vasles (Deux-Sèvres).

10 Novembre 1903.

Nous avons soumis ce travail à plusieurs iurisconsultes éminents qui ont daigné lui donner leur haute approbation et nous dire qu'il servirait la cause de l'enseignement chrétien. Des évêques, des anciens magistrats, des avocats, des ecclésiastiques, des propriétaires d'écoles, des sécularisés en grand nombre ont bien voulu aussi nous adresser leurs encouragements et leurs félicitations. A tous nous exprimons notre profonde reconnaissance.

La première édition de cette brochure s'est écoulée très rapidement en quelques jours. Sur les instances qui nous ont été faites, uous publions cette deuxième édition où, conformément aux observations qu'on nous a transmises, nous avons sur quelques points développé et mieux précisé notre pensée.

Nous prions les lecteurs de faire connaître ces pages à tous ceux à qui elles peuvent être utiles. Nous accueillerons avec la plus vive gratitude les observations critiques qu'on voudra bien encore nous adresser.

J. B.

Dans le but d'être utile aux écoles chrétiennes, l'auteur de cette brochure l'adressera **gratuitement** *et* **franco** *à tous les prêtres, à tous les Religieux et Religieuses, à tous les propriétaires d'écoles libres qui lui en feront la demande. S'adresser à* M. l'abbé BRELLAZ, à Vasles (*Deux-Sèvres*).

Prière instante de faire connaître cette brochure aux intéressés, de la faire *annoncer* dans les journaux catholiques de la région, d'en accuser réception à l'auteur et de lui donner la liste des personnes à qui elle pourrait utilement être envoyée.

BIBLIOGRAPHIE

Nous recommandons aux Congréganistes sécularisés et aux propriétaires d'écoles libres la lecture des publications suivantes :

Bulletin de la Société générale d'éducation et d'enseignement (mensuel), 10 fr. par an, 35, rue de Grenelle, Paris.

Manuel pratique des écoles libres, par M. l'abbé Laude, 0 fr. 40, franco, Société générale d'éducation, 35, rue de Grenelle, Paris.

Que feront nos Religieuses ? par M. l'Abbé Lemire. Prix : 1 franc. Librairie Lecoffre, rue Bonaparte, 90, Paris.

I

FAUT-IL SE SÉCULARISER ?

Par une interprétation arbitraire et injuste de la loi du 1er juillet 1901, sur les Associations et les Congrégations — loi qui, selon les déclarations publiques de son auteur, M. Waldeck-Rousseau, ne devait en rien modifier la situation des écoles congréganistes — le Gouvernement a fait fermer presque toutes ces écoles.

Cette mesure illégale oblige un grand nombre de Religieux et de Religieuses enseignants, appartenant soit à des Congrégations autorisées, soit à des Congrégations dissoutes, à renoncer à la vie religieuse, à quitter leur ancienne Communauté, en un mot, à se **séculariser**.

C'est là un acte grave, important, décisif, et les Religieux et Religieuses, si fidèles et attachés à leur vocation, ne l'envisagent pas sans un cruel brisement de cœur. Ceux qui ont le courage de s'y résoudre pour continuer leur noble mission d'enseignement chrétien, méritent les sympathies et la reconnaissance de tous les catholiques. Dieu, un jour, les récompensera d'avoir, pour un plus grand bien, sacrifié la vie religieuse, la vie de communauté qui était la joie et la consolation de leur existence.

Ils sont encouragés à accomplir cet acte héroïque par la voix de presque tous les évêques de France, par la voix des catholiques les plus éminents qui les supplient de ne pas abandonner leurs œuvres et d'avoir la force de tout immoler pour les sauver.

Ils ne doivent pas oublier, en effet, que la vie congréganiste, malgré son excellence, n'est qu'**un moyen** : un moyen sans doute de se sanctifier, mais surtout un moyen de faire plus de bien, un moyen de sauver un plus grand nombre d'âmes.

Les fondateurs de la plupart des Congrégations enseignantes, en établissant leur Association, n'ont pas eu pour objectif principal de créer un nouvel Institut religieux. Ils ont eu, avant tout, en vue l'enseignement chrétien l'éducation chrétienne de l'enfance et de la jeunesse. C'est là le but essentiel qu'ils se sont proposé. Pour s'en convaincre, il suffit de lire l'histoire de la fondation des Congrégations enseignantes. Les fondateurs de ces Congrégations n'ont constitué leur personnel sous une règle religieuse que pour le mieux former et le maintenir plus apte au but visé. La vie congréganiste, dans leur pensée, n'était donc qu'un moyen plus parfait de faire d'excellents éducateurs chrétiens. Or, les moyens, si parfaits qu'ils soient, doivent être subordonnés au but. Quand un moyen devient un obstacle au but à réaliser, il faut renoncer à s'en servir. Ici, le but à réaliser est de la plus extrême importance : c'est, comme il vient d'être dit, **l'éducation chrétienne de l'enfance et de la jeunesse**, c'est le salut de milliers d'âmes d'enfants qui seraient peut-être irrémédiablement perdues par l'éducation sans Dieu et sans religion des écoles publiques. Le but seul est **essentiel**. Puisqu'il n'est plus possible de l'atteindre, en restant congréganiste, que les Religieux et Religieuses enseignants sachent, quoi qu'il leur en coûte, sacrifier la forme congréganiste de leur vie au **but supérieur** du salut des âmes. Qu'ils puisent dans ce sacrifice

même , généreusement voulu et offert à Dieu , les grâces
nécessaires pour mener de plus en plus une vie fermement et
pratiquement chrétienne.

Ce qui importe par-dessus tout, à l'heure actuelle, c'est de
maintenir les écoles où l'on apprend aux enfants à connaître,
aimer et servir Dieu.

C'est pourquoi, bien que nous n'ayons aucun titre pour tracer
aux Religieux et Religieuses enseignants leur ligne de conduite,
nous osons, après les Evêques qui ont ce droit, leur redire :
sécularisez-vous !

II

QUE DOIT ÊTRE LA SÉCULARISATION ?

Affirmons tout d'abord et bien nettement qu'elle doit être
sérieuse, réelle, sincère, loyale.

C'est la recommandation formelle qu'adressent aux Religieux
et Religieuses qui veulent se séculariser tous les Evêques, tous
les organes catholiques, notamment les publications de la Société
générale d'éducation et d'enseignement et de la Ligue de la
liberté d'enseignement, qui se sont occupées spécialement de cette
question.

C'est aussi et surtout la prescription indubitable qu'impose
une conscience droite.

Pas de subterfuge, pas d'arrière-pensée, pas la moindre intention de frauder, de tourner, d'éluder la loi, si dure et si injuste
qu'elle soit !

Nous nous permettons de dire aux Religieux et aux Religieuses : Si vous voulez rester religieux, ne vous sécularisez pas ! Si
vous vous sécularisez, n'ayez pas l'intention, la volonté, la
prétention de rester religieux quand même ! C'est impossible, si
votre sécularisation est sincère, loyale. Et elle doit l'être.

Une sécularisation simulée, déclarée réelle alors qu'elle ne le
serait pas, offenserait Dieu, blesserait la morale, serait indigne
du caractère d'honnête homme et de chrétien, qui est votre
gloire, jetterait un discrédit sur l'Eglise et la religion, justifie-
rait en quelque sorte les odieuses calomnies de fraude et
d'hypocrisie lancées par leurs ennemis contre les Congrégations.

Les Religieux et Religieuses enseignants qui se résignent à
la sécularisation ne doivent pas oublier que presque certaine-
ment ils seront appelés devant les juges, devant les tribunaux, à
affirmer, quelquefois par serment, qu'ils sont sincèrement sécularisés. Pourraient-ils le faire, sans trahir la vérité, si leur sécularisation était fictive ?

Quelles que soient la légitimité et l'importance du but que
l'on se propose, on ne doit pas le poursuivre et l'atteindre par
un acte que réprouve la morale.

Donc, **sécularisation sérieuse, réelle, sincère et
loyale** !

III

CONDITIONS D'UNE VRAIE SÉCULARISATION

Qu'exige la sécularisation pour avoir toutes ces qualités es-
sentielles ?

Elle exige le renoncement entier et complet à tout ce qui

constitue essentiellement la vie religieuse et l'état congréganiste.

Or, quatre éléments principaux semblent constituer la vie religieuse et l'état congréganiste. Ce sont :

1° **Les vœux de religion** qui sont ordinairement vœu de chasteté, vœu de pauvreté, vœu d'obéissance. Ces vœux sont temporaires ou perpétuels.

2° **La vie en commun** ou la vie de communauté, c'est-à-dire l'observance d'une règle commune, celle de la Congrégation dont on est membre ; règle qui détermine le plus souvent des exercices religieux ou autres à faire en commun et la manière dont un religieux doit se conduire dans les principales actions de sa vie.

3° **La subordination** du Religieux à l'autorité des Supérieurs de sa Congrégation.

4° **La poursuite d'un but commun** — l'œuvre en vue de laquelle la Congrégation s'est formée — **dans un intérêt commun**, celui de la Congrégation.

Pour qu'un Religieux soit vraiment sécularisé — et tout ce que nous disons des Religieux s'applique aussi aux Religieuses — il faut donc :

1° *qu'il soit relevé de ses vœux de religion* par l'autorité ecclésiastique qui a ce pouvoir ;

2° *qu'il ne mène plus la vie de communauté*, c'est-à-dire qu'il n'observe plus la règle de sa Congrégation.

3° *qu'il ne conserve plus aucune dépendance* à l'égard des Supérieurs de sa Congrégation.

4° *qu'il ne poursuive plus une œuvre en commun* avec la Congrégation et au profit de celle-ci.

La loi civile n'a pas fixé les règles de la sécularisation des Religieuses et des Religieux non-prêtres. Ce sont les seuls dont nous nous occupons dans ces pages. Mais les tribunaux sont presque unanimes à considérer comme vraiment sécularisé le Religieux qui remplit parfaitement toutes les conditions que nous venons d'énumérer.

IV

LETTRE DE SÉCULARISATION

Pour qu'un Religieux soit relevé de ses vœux de religion, il il faut qu'il en ait été délié par l'Autorité ecclésiastique qui a ce pouvoir.

Cette Autorité est l'Evêque, par son propre pouvoir, s'il s'agit des vœux qui relèvent de son pouvoir, l'Evêque aussi, muni d'une délégation de Rome, s'il s'agit de vœux qui relèvent de l'autorité du Pape.

Le relèvement des vœux est constaté ordinairement par une pièce officielle, signée par l'Evêque, pièce qu'on appelle **lettre** ou **ordonnance de sécularisation.**

Comme la loi civile ne reconnaît pas l'existence des vœux de religion — et pourtant toute la législation actuelle contre les Congrégations a pour cause principale et réelle l'existence de ces vœux — certains tribunaux semblent ne pas attacher une grande importance à la lettre de sécularisation ; d'autres cherchent à jeter une suspicion sur la véracité des lettres de sécularisation.

Quoique la loi civile feigne d'ignorer les vœux de religion, il n'en est pas moins vrai qu'au point de vue de la conscience du Congréganiste, ce qui le constitue religieux congréganiste, ce qui le lie à son état, ce qui lui fait mener la vie en commun et observer la règle de son Ordre, ce qui le fait subordonner sa volonté à celle de ses Supérieurs, ce sont **les vœux de religion** qu'il a prononcés. Ces vœux de religion ne sont pas des vœux *privés*, émis dans l'intime de sa conscience, comme peuvent en faire et en font des personnes vivant dans le monde, mais des vœux *publics*, prononcés devant l'Evêque ou son délégué et acceptés par lui au nom de l'Eglise. De ces vœux, le religieux ne peut ni se délier lui-même, ni être délié par un prêtre muni des pouvoirs ordinaires. L'Evêque, le Pape seuls ont ce pouvoir, mais ils l'ont réellement. Et dès que l'Autorité ecclésiastique compétente a déclaré le Religieux délié de ses vœux, ce Religieux n'est plus religieux. Ce Congréganiste voulût-il, après avoir été délié de ses vœux, rester encore religieux, il ne le peut plus, parce qu'il n'est plus lié par les vœux de religion qui constituent essentiellement l'état religieux. Le Supérieur de ce Congréganiste délié de ses vœux voulût-il conserver son autorité sur ce Religieux, lui commander, lui donner comme autrefois des instructions, des ordres, au nom de l'obéissance, il ne le peut plus, il n'en a plus le droit. Pourquoi ? Parce que ce Congréganiste relevé de ses vœux n'est plus religieux et par conséquent n'est plus subordonné au supérieur de sa Congrégation par le vœu d'obéissance.

Un soldat, libéré de toutes ses obligations militaires, n'est plus soldat ; un magistrat, relevé de ses pouvoirs judiciaires, n'est plus magistrat ; un Religieux délié de ses vœux de religion, n'est plus religieux.

La lettre de sécularisation a donc bien sa **valeur**, puisqu'elle accomplit — en même temps qu'elle prouve — la cessation de l'état religieux, la rupture des liens qui rattachaient l'ancien Congréganiste à sa Congrégation ; puisqu'elle soustrait absolument ce Religieux à l'autorité et à la dépendance des Supérieurs de sa Congrégation.

Aussi les tribunaux exigent-ils ordinairement la production de la lettre de sécularisation comme pièce probante de la laïcisation d'un ancien Congréganiste. Et certains Religieux sécularisés ont été condamnés pour avoir ouvert une école, avant d'avoir obtenu de l'Evêque leur lettre de sécularisation.

En certaines régions, outre les pièces ordinaires requises pour l'ouverture d'une école, l'autorité académique, lorsqu'il s'agit de la déclaration d'ouverture d'école par un ancien membre d'une Congrégation, exige de plus : 1º la production d'une **lettre de sécularisation** ; 2º une **déclaration du Supérieur de la Congrégation** à laquelle appartenait le Religieux sécularisé, déclaration attestant que cet ancien Religieux ne fait plus partie de la Congrégation ; 3º une **déclaration personnelle écrite** par laquelle le Congréganiste sécularisé affirme qu'il ne fait plus partie d'une Congrégation.

M. l'abbé Laude, dans son *Manuel pratique des Ecoles libres* (3º édition) dit que « ces exigences de l'autorité académique sont absolument abusives et qu'il n'y a pas lieu d'y déférer ». Aucun texte législatif ne semble, en effet, autoriser l'Inspecteur d'Académie à demander d'autres pièces que celles dont fait mention la loi de 1886.

Quoi qu'il en soit, comme la lettre de sécularisation et la déclaration du Supérieur de son ancienne Congrégation seront très utiles, même nécessaires, pour prouver devant les tribunaux, s'il y est appelé, la réalité de sa laïcisation, le Religieux qui se sécularise aura soin tout d'abord de se munir de ces deux pièces : **lettre de sécularisation** personnelle, en bonne et due forme, constatant qu'il est relevé de ses vœux et de tous liens de dépendance à l'égard de son ancienne Congrégation ; **déclaration du Supérieur de la Congrégation** attestant que cet ancien Religieux ne fait plus partie de la Congrégation et qu'il a été régulièrement **rayé** sur le registre des membres de la Congrégation, à la date de sa sécularisation.

V

QUELQUES PRÉCAUTIONS A PRENDRE

Pour ne pas laisser mettre en doute la spontanéité de sa sécularisation, le Religieux qui se sécularise fera bien de prendre quelques précautions.

Il accomplira les formalités de sa laïcisation en dehors de la maison-mère et d'un établissement de sa congrégation : il se retirera dans sa famille ou ailleurs.

Il écrira lui-même directement à l'Evêque pour lui demander d'être relevé de ses vœux ; les motifs que le plus souvent il pourra invoquer à l'appui de sa demande sont la nécessité de se procurer des moyens d'existence et l'impossibilité pour lui de poursuivre actuellement la carrière de l'enseignement, en restant congréganiste.

Quand il aura reçu sa lettre de sécularisation, le Congréganiste abandonnera son costume religieux et revêtira des habits laïques.

Il écrira au Supérieur de sa Congrégation une lettre officielle — pouvant être produite sans inconvénient devant les tribunaux — pour lui déclarer qu'il est relevé de ses vœux, qu'il n'entend plus faire partie de la Congrégation et qu'il demande sa radiation de la liste des membres de cette Congrégation. Il priera le Supérieur de lui adresser un certificat attestant qu'il n'appartient plus à la Congrégation et qu'il a été rayé sur le registre du personnel.

En même temps il renverra à la Congrégation **tous** les objets qui sont en sa possession et qui appartiennent à celle-ci ; vêtements, linge, livres, brochures, *règle de l'ordre*, imprimés, circulaires, objets de piété, etc., tout, sans rien en conserver.

Dans une perquisition, la découverte en la possession d'un sécularisé d'un objet appartenant ou semblant appartenir à son ancienne Congrégation, pourrait faire présumer par des juges mal intentionnés la persistance d'un lien entre ce sécularisé et la Congrégation.

Le Religieux sécularisé aura grand soin de **ne jamais se servir de l'entremise** de ses anciens supérieurs pour la recherche d'un nouveau poste, pour la discussion des conventions à passer avec le propriétaire d'école qui l'emploiera, pour la fixation du salaire qu'il recevra, ni pour aucune des questions relatives à l'ouverture, à la direction et au fonctionnement de l'école. Il fera toutes ces démarches par lui-même, s'il le peut, ou par l'intermédiaire d'une personne n'ayant aucune affiliation avec la Congrégation. Il traitera directement, soit par lettres — qui peuvent constituer des preuves écrites, — soit devant témoins. Il pourra avoir avec le propriétaire de l'école un traité écrit.

En toutes circonstances, le Religieux sécularisé agira comme le ferait en pareil cas un instituteur laïque libre qui n'a jamais été congréganiste ou en relations avec une Congrégation.

Le Religieux sécularisé doit se souvenir que toutes ses démarches, ses paroles, ses actions sont surveillées, épiées et mal interprétées par les agents du gouvernement. Cette surveillance occulte s'exerce souvent sans qu'il s'en doute, ses correspondances même les plus intimes ne sont pas toujours à l'abri d'une odieuse inquisition.

Qu'il soit donc en tout, partout et toujours, même après de longs mois de sécularisation, d'une extrême prudence !

VI

VIE EN COMMUN OU VIE DE COMMUNAUTÉ

Avec les vœux de religion et plus encore que les vœux de religion, un autre élément qui semble aux tribunaux un trait caractéristique de l'état congréganiste. c'est **la vie en commun**, que l'on peut appeler plus justement **la vie de communauté**.

En quoi consiste essentiellement cette vie en commun dont le Ministère public invoque généralement la persistance, quand il veut faire condamner des congréganistes sécularisés ?

Est-ce simplement le fait pour deux ou plusieurs religieux sécularisés d'habiter ensemble la même maison ? Est-ce le fait de manger ensemble à la même table ? Sans doute, ces actes peuvent être une des circonstances de la vie en commun ; mais à *eux seuls*, ils ne constituent pas, croyons-nous, la vie de communauté qui caractérise l'état religieux. Il existe, en effet, une foule d'établissements laïques d'éducation ou autres, où le personnel est logé et nourri dans l'établissement même, par exemple, les collèges et lycées de l'Etat dans lesquels les maîtres répétiteurs habitent et mangent, par exemple les hôpitaux où infirmiers, internes logent et mangent, etc., etc.

Dans les écoles communales laïques rurales, très souvent l'instituteur adjoint, l'institutrice adjointe habitent la maison d'école et prennent leurs repas à la table du directeur ou de la directrice titulaire. On n'a pourtant jamais songé à incriminer ces instituteurs et institutrices laïques de mener la vie en commun constitutive de l'état religieux.

Par conséquent, deux ou plusieurs congréganistes sécularisés peuvent habiter et prendre leurs repas ensemble dans la même maison sans pouvoir être convaincus par *ce seul fait* de mener la vie de communauté.

Toutefois, pour plus de précautions, là où c'est possible, deux ou plusieurs religieux sécularisés, enseignant dans le même établissement, feront bien de loger et de prendre leurs repas séparément, chacun dans sa maison particulière.

Qu'est-ce que la vie en commun qu'il n'est plus permis aux Congréganistes sécularisés de mener sans être accusés de constituer un établissement congréganiste ?

C'est, il nous semble, l'obéissance à une règle commune qui détermine les exercices religieux ou autres à faire en commun, qui détermine l'heure et la durée de ces exercices, par exemple, l'heure du lever, du coucher, de la méditation, de l'examen de conscience, des récréations, etc. ; c'est aussi la subordination à un Supérieur à qui il faut demander des permissions pour faire certains actes, par exemple, pour sortir, pour voyager, etc. ; c'est encore la soumission à l'obligation de la pauvreté qui interdit au religieux de rien posséder en propre, de disposer à son profit de l'argent qu'il gagne, de faire des achats pour son usage personnel, sans l'autorisation du supérieur, etc.

La vie en commun, la vie de communauté, c'est, en un mot, l'observance des règles conventuelles de la Congrégation, c'est la pratique des vœux d'obéissance et de pauvreté.

Cette vie de communauté peut, à la rigueur, exister, même quand un religieux habite seul dans un immeuble, mais les tribunaux rechercheront surtout si elle subsiste, quand deux ou plusieurs sécularisés vivent ensemble.

Les religieux sécularisés doivent renoncer complètement à tout ce qui constitue la vie de communauté.

S'ils habitent plusieurs ensemble, ils feront bien de ne pas se lever ou se coucher tous et toujours à la même heure ; ils éviteront de faire en commun leurs exercices religieux, méditation, examen de conscience, prières, etc., mais les accompliront chacun en particulier. Ils auront leur chambre séparée qu'ils meubleront et disposeront à leur goût avec des objets qu'ils achèteront et qui seront leur propriété personnelle, si c'est possible.

Ils sortiront séparément, quand il leur plaira, sans demander aucune permission ; ils feront, s'ils le peuvent, quelques voyages d'agrément, iront dans leur famille ou chez des amis, sans demander aucune autorisation d'aucun membre de leur ancienne Congrégation ; en un mot, ils agiront de leur plein gré et selon leur volonté propre.

Ils toucheront personnellement le traitement qui leur sera alloué pour leur fonction dans leur école Ce traitement ne devra jamais leur être fourni par leur ancienne Congrégation.

Ils disposeront de leur argent et de toutes leurs ressources, selon leur bon plaisir, sans en rendre compte à personne ; ils feront personnellement et séparément les achats de vêtements, de linge, d'objets de toilette, de livres, etc., dont ils auront besoin pour leur usage personnel ; il leur sera utile de se faire remettre des notes acquittées par leurs fournisseurs. Ces factures pourront servir devant les tribunaux à prouver que les Congréganistes, vraiment sécularisés, ont le libre emploi de l'argent qu'ils gagnent ; ils pourront, si l'occasion s'en présente, envoyer des cadeaux, des secours aux membres de leur famille, etc...

Pour tout résumer, les sécularisés doivent mener la vie libre et indépendante des personnes du monde et prouver par tous leurs actes la sincérité de leur laïcisation.

VII

SUBORDINATION A LA CONGRÉGATION

Un troisième élément caractéristique de l'état religieux, c'est la **subordination** des membres d'une Congrégation à leurs Supérieurs. Les tribunaux sont presque unanimes à affirmer la persistance de l'état congréganiste chez un inculpé, lorsqu'ils peuvent relever des faits qui prouvent que cet inculpé est resté soumis à l'autorité des Supérieurs de sa Congrégation, que, depuis sa sécularisation, il a continué à en recevoir des ordres, des instructions, des conseils, des directions, des subsides, en résumé, lorsqu'il est possible d'établir la permanence du lien qui rattachait le religieux à sa Congrégation.

Le Religieux qui est sécularisé doit donc rompre et cesser toutes les relations qui l'unissaient à son ancienne Congrégation. C'est dur, mais c'est nécessaire, afin qu'on ne puisse pas mettre en doute la sincérité de sa sécularisation. Il doit s'abstenir de correspondre avec ses anciens Supérieurs, soit par lettre, soit par intermédiaire ; s'abstenir notamment de jamais leur demander des instructions, des directions, des permissions, des conseils de quelque nature qu'ils soient ; s'abstenir d'envoyer de l'argent à sa Congrégation, de lui en demander, d'en recevoir ; s'abstenir aussi par mesure de prudence de recevoir de son ancienne Congrégation des lettres, des circulaires, des notifications, quelles qu'elles soient.

Il ne doit pas oublier que *le cabinet noir* n'a jamais autant fonctionné qu'aujourd'hui, surtout à l'égard des religieux sécularisés et des Congrégations autorisées ou non. Les correspondances, lettres, imprimés qu'il envoie ou qui lui sont adressés passent très probablement sous les yeux des agents du gouvernement. Qu'il soit donc d'une extrême prudence et qu'il recommande la même circonspection à tous ses correspondants. Les rapports de simple amitié entre le sécularisé et les membres de son ancienne Congrégation ne sauraient être interdits, pourvu qu'il s'agisse uniquement de rapports d'amitié et non de rapports de subordination et de dépendance. Ces rapports devront être discrets pour ne pas devenir suspects aux yeux de juges malveillants.

Le religieux sécularisé n'est pas à l'abri des perquisitions. Au contraire, les perquisitions les plus minutieuses se multiplient partout. Qu'il ait donc le soin, dès le jour de sa sécularisation, soit de renvoyer à la Congrégation, soit de faire disparaître ou de détruire tous les écrits, imprimés, règles de l'ordre, lettres de faire part, circulaires, livres, tableaux, objets de piété, vêtements, etc., *émanant* de la Congrégation, c'est-à-dire tout ce qui pourrait faire soupçonner la persistance d'un lien quelconque entre le sécularisé et son ancienne Congrégation.

Si l'école qu'il dirige et dans laquelle il enseigne était tenue antérieurement par des Congréganistes, le religieux sécularisé aura soin, dès l'ouverture des classes, de faire disparaître tout ce qui, dans les locaux scolaires et la maison qu'il habite, rappellerait l'ancienne direction congréganiste, tableaux, images, objets particuliers à la Congrégation ; il changera les livres scolaires et les cahiers qui étaient la propriété de la Congrégation et à l'usage exclusif des écoles de la Congrégation : il modifiera les méthodes d'enseignement ; si le mobilier des classes et de la maison appartient à la Congrégation, il changera au moins la **disposition des meubles, introduira,** si c'est possible, quelques meubles nouveaux, etc., afin qu'on ne puisse pas l'accuser de continuer l'ancienne école congréganiste selon les mêmes méthodes et en utilisant dans les mêmes conditions les mêmes meubles et le même matériel scolaire que ses devanciers.

Les précautions que nous indiquons doivent être prises par mesure de prudence : elles ne constituent pas toutes des obligations légales. Ce qui semble strictement exigé par les décisions des tribunaux — jusqu'à présent seule règle et règle très variable en cette matière — c'est pour le sécularisé la rupture de tout lien de dépendance à l'égard de son ancienne Congrégation.

Nous notons toutes ces précautions, si sévères qu'elles paraissent, parce qu'il s'est trouvé des tribunaux qui ont osé faire aux sécularisés un grief d'avoir gardé en leur possession des objets, des écrits appartenant à leur ancienne Congrégation, de n'avoir pas modifié les livres, cahiers, mobilier scolaires qui existaient dans la précédente école congréganiste, et même d'avoir conservé les mêmes méthodes d'enseignement et les mêmes élèves !!!...

Ces griefs sont contraires à tout droit, à une bonne pédagogie et au simple bon sens.

Détail minime qui a pourtant son importance ; le Religieux et la Religieuse sécularisés ne permettront pas que les élèves et leurs parents les appellent d'un nom donné ordinairement aux membres d'une Congrégation, tels que *Frère*, *Père*, etc., *Sœur*, *Mère*, *Madame*, etc. Ils se feront appeler *Monsieur*, *Mademoiselle*.

Ils affirmeront en toute occasion et prouveront par leurs actes qu'ils ne sont plus des religieux, mais des laïques.

VIII

ŒUVRE COMMUNE AVEC LA CONGRÉGATION

La rupture de tout lien avec la Congrégation implique pour le Religieux sécularisé l'obligation de **ne plus faire œuvre commune** avec la Congrégation, de ne plus poursuivre de concert avec elle un but commun, de ne plus travailler pour le compte et l'intérêt de la Congrégation, en un mot de ne plus rester un agent de la Congrégation.

Le Religieux sécularisé devra donc s'abstenir d'enseigner dans une école qui serait encore la propriété et sous la dépendance de la Congrégation, qui fonctionnerait au nom et au profit de la Congrégation, dont celle-ci retirerait quelques bénéfices. Il peut cependant enseigner dans une école dont l'immeuble, le mobilier appartient à la Congrégation, si cet immeuble, ce mobilier a été réellement loué par une personne non affiliée à la Congrégation et qui en paie le loyer. Le Religieux sécularisé doit aussi s'abstenir de faire bénéficier la Congrégation du gain que lui procure l'école qu'il dirige, où il enseigne, etc. De pareils agissements, s'ils étaient découverts, pourraient faire présumer que cette école est un établissement de la Congrégation, et que le sécularisé fait encore partie de la Congrégation.

Mais un Religieux sécularisé a le droit de continuer les mêmes œuvres qu'il faisait lorsqu'il était Congréganiste, et des œuvres semblables, pourvu qu'il ne continue plus à faire ces œuvres de concert avec la Congrégation, au nom et au profit de celle-ci. Ainsi, s'il appartenait à un ordre enseignant, il peut continuer à enseigner pourvu qu'il le fasse à son profit personnel et non dans l'intérêt de la Congrégation.

IX

SÉCULARISATION SUR PLACE

Les Religieux, Religieuses qui enseignent dans une commune peuvent **se séculariser sur place,** c'est-à-dire renoncer à la vie religieuse et continuer à enseigner dans la même école où ils enseignaient comme Congréganistes.

La sécularisation sur place a ses avantages et ses inconvénients. Son avantage est d'éviter une nouvelle déclaration d'ouverture d'école. Il est nécessaire de l'employer toutes les fois que l'on aurait à craindre des oppositions à l'ouverture d'une école, soit à cause du local, soit à cause du mauvais vouloir des autorités administratives. Son avantage est aussi de conserver dans la même localité des maîtres et maîtresses qui y sont connus et aimés et qui y jouissent d'une grande influence sur les familles.

Son inconvénient est d'exposer à des poursuites judiciaires presque certaines, car les Parquets semblent exercer des rigueurs particulières contre les sécularisés sur place ; mais si la sécularisation est sérieuse comme elle doit l'être, on n'a rien de plus à craindre. Son inconvénient est aussi d'exposer à la fermeture de l'école, si la loi Massé, qui interdit la sécularisation sur place, loi déjà votée à la Chambre, est aussi prochainement votée au Sénat.

Aucune formalité spéciale n'est requise pour la sécularisation sur place, mais les sécularisés feront bien de prendre toutes les précautions prudentes que nous avons indiquées.

Il convient aussi d'observer que la présence dans le même établissement du même personnel d'anciens Congréganistes, tous sécularisés sur place, surtout si ce personnel est nombreux, créera peut-être dans l'esprit de juges mal disposés la présomption de la continuation de l'ancienne œuvre congréganiste. Il sera donc plus prudent qu'un grand nombre de Congréganistes ne se sécularisent pas sur place dans le même établissement, s'il est possible de faire autrement.

X

EXTRÊME PRUDENCE

Les conseils si nombreux et si détaillés que nous adressons aux Religieux sécularisés paraîtront sans doute à quelques-uns trop sévères, trop minutieux, exagérés ! Il n'est pourtant pas un de ces conseils qui ne soit motivé par quelque accusation lancée devant les tribunaux contre des Religieux sécularisés. Il importe que ceux-ci se rendent un compte exact de leur situation actuelle. Ils sont entourés d'ennemis acharnés qui ont juré la destruction des Congrégations et qui les poursuivent partout où ils croient en reconnaître l'action. Les Religieux sécularisés ne sauraient donc trop multiplier les précautions pour échapper à la malveillance soupçonneuse d'ennemis ardemment désireux de les surprendre en faute.

Combien de sécularisés regrettent amèrement aujourd'hui de n'avoir pas mieux suivi les conseils de prudence qui leur avaient été donnés. Il faut bien avoir le courage de le dire : souvent les poursuites et les condamnations ont eu pour cause principale le manque des précautions les plus élémentaires de la part des Congrégations et de leurs anciens membres sécularisés.

Par ignorance sans doute des règles mal définies de la sécularisation et des conséquences qu'elle entraîne, les Congréganistes qui se sécularisent s'imaginent parfois qu'il suffit pour eux d'être relevés de leurs vœux et de revêtir un costume laïque pour n'être plus religieux, et qu'ils peuvent conserver le même genre de vie et les mêmes rapports avec leur ancienne Congrégation qu'avant leur sécularisation.

C'est une erreur. La laïcisation entraîne pour les sécularisés une modification presque complète de leur mode habituel d'existence et la cessation de toutes les relations de dépendance à l'égard de leur Congrégation, ainsi que nous l'avons dit aux paragraphes VI et VII.

D'autre part, certains Supérieurs de Congrégations s'imaginent aussi parfois avoir le droit de conserver sur les anciens membres de leur Congrégation qui se sont sécularisés, à peu près la même autorité qu'avant leur laïcisation.

C'est encore une grave erreur.

Les Supérieurs de Congrégation ne gardent plus aucune autorité sur les anciens membres de leur Congrégation qui se sont sécularisés. Ils n'ont plus le droit, par exemple, de les désigner pour occuper un poste, de leur donner des instructions, des ordres, des directions, soit pour la conduite de leur vie privée, soit pour l'organisation, le fonctionnement d'une école. Le fait seul de cette ingérence, s'il était établi, ferait considérer cette école comme un établissement congréganiste et le sécularisé comme appartenant encore à la Congrégation, par conséquent passible de poursuites.

La sécularisation est la rupture effective et absolue de tous les liens de dépendance et de subordination entre les sécularisés et leur ancienne Congrégation.

Les imprudences commises par les Congrégations et les Religieux sécularisés ont des conséquences graves.

Ces imprudences amènent des poursuites devant les tribunaux ; ces poursuites sont pour les sécularisés et les propriétaires qui les emploient une source d'ennuis de toutes sortes et de procès fort dispendieux. Ces imprudences amènent des condamnations qui peuvent briser la carrière du sécularisé et le priver de son gagne-pain ; ces condamnations atteignent aussi le propriétaire de l'école, qui est ainsi frappé d'amende et même de prison par la faute seule du sécularisé ou de la Congrégation. Enfin, ces imprudences peuvent entraîner la fermeture de l'école et compromettre l'avenir des œuvres d'éducation chrétienne.

On peut dire aussi que les agissements inconsidérés de certains sécularisés en certaines régions ont fait — à tort — jeter la suspicion sur la sincérité d'autres sécularisés réellement laïcisés, et ont déterminé l'injuste condamnation de ces derniers. Des innocents sont ainsi iniquement frappés pour les fautes de quelques imprudents.

Quelles responsabilités pour ceux qui, par leur imprévoyance, leur négligence coupables, causent de tels préjudices qu'ils auraient pu éviter avec un peu plus de précautions !

Donc, **extrême prudence, extrême vigilance.**

XI

VIE PRIVÉE DU SÉCULARISÉ

Le Religieux sécularisé est délié de ses vœux, il a cessé toute vie en commun, il s'est dégagé de tout lien avec sa Congrégation, il a recouvré sa pleine et entière liberté ; il doit affirmer par ses actes la réalité de sa sécularisation. Irons-nous, comme certains l'ont fait, jusqu'à lui conseiller le mariage pour mieux prouver sa laïcisation ? Certes, non. Sans doute, si, dans sa situation nouvelle, il éprouve le désir sérieux de se marier, s'il en sent pour lui l'utilité, la nécessité, nous ne le dissuaderons pas de le faire. Au contraire. Saint Paul a sur cette question un conseil caractéristique et décisif qui doit être la règle en cette matière. Mais si Dieu fait au sécularisé la grâce de rester fidèle au sentiment qui le poussa dans la vie religieuse, il doit s'efforcer de conserver précieusement en son âme cette fleur de la virginité chrétienne, aussi féconde, quoi qu'on en dise, en actes de dévouement et d'héroïsme que la paternité et la maternité naturelles dont nous ne songeons nullement du reste à contester la noblesse et la grandeur.

Oui, pour se dévouer tout entier à l'éducation des âmes d'enfants qui lui sont confiées, que le sécularisé garde la chasteté et le célibat, comme le font dans le monde tant de personnes pieuses qui n'en restent pas moins de véritables et honorables laïques, entourées de l'estime et de la vénération de tous. Les résolutions volontaires, individuelles, intimes, sont du domaine inviolable de la conscience. Personne, si ce n'est Dieu, n'a rien à y voir.

Le Religieux sécularisé doit mener la vie libre et indépendante des personnes du monde. Est-ce dire qu'il doit vivre en mondain ? Assurément non. Au contraire, le Religieux sécularisé doit donner en tout et partout l'exemple de la vie la plus sérieusement chrétienne. Son attitude, ses paroles, ses démarches, toutes ses actions seront empreintes de la dignité qui doit caractériser l'éducateur catholique et qui commande à tous le respect. Ses vêtements seront convenables et appropriés à sa situation. Ils devront être taillés — qu'on nous permette cette remarque de détail qui s'adresse surtout aux Religieuses sécularisées — ni selon une coupe démodée ni selon les caprices d'une mode extravagante ; dans les deux cas, cela rendrait ridicule la personne qui les porte. On l'a dit avec raison, en fait de modes et de toilettes, il ne faut être ni en avance ni trop en retard, et n'adopter que celles acceptées par les personnes honnêtes et sérieuses.

Non seulement le Religieux sécularisé doit mener une vie digne et chrétienne, mais il doit conserver la piété de sa vie d'autrefois. Plus sa situation est difficile et pénible, plus il a besoin de se tracer un *règlement particulier* de vie sérieusement chrétienne sans lequel le travail et le dévouement sont impossibles, plus il devra puiser dans les pratiques de la vie de piété la pureté d'âme et la pensée habituelle de Dieu, principes de tout véritable apostolat.

Donc *vie laïque* en ses actes ; mais **vie honnête et digne, vie chrétienne, vie pieuse** dans toute l'étendue du mot.

XII

CONSEILS AUX PROPRIÉTAIRES D'ÉCOLES LIBRES

L'Episcopat, le Clergé, les Catholiques de France ne sauraient avoir une assez vive gratitude pour les propriétaires d'écoles libres qui, malgré les difficultés de l'heure présente, continuent quand même avec vaillance leurs œuvres d'éducation chrétienne.

La fermeture de presque toutes les écoles congréganistes met ces propriétaires dans un pénible embarras. Comment maintenir ces écoles ? Avec quel personnel ?

Deux systèmes se présentent :

1° *Substituer au personnel congréganiste un personnel entièrement laïque.* Ce système a l'avantage de ne pas exposer le propriétaire à une condamnation et à la fermeture de son école, du moins aussi longtemps que la liberté d'enseignement aura encore force de loi. Il a aussi ses inconvénients ; d'une part, il n'est pas toujours facile de trouver des instituteurs et institutrices laïques, surtout pour les écoles de campagne ; d'autre part, les maîtres et maîtresses laïques, souvent mariés et chargés de famille, demandent généralement un traitement plus élevé que celui dont se contentait le personnel congréganiste.

2° *Employer des Religieux et Religieuses sécularisés.* Ce système a ses avantages : ces instituteurs et institutrices sécularisés offrent généralement toutes les garanties désirables pour une école chrétienne ; un modeste traitement ordinairement leur suffit. Il a l'inconvénient d'exposer le propriétaire à des poursuites, à un procès coûteux, peut-être à une condamnation et à la fermeture de l'école.

Malgré ces inconvénients graves, un grand nombre de propriétaires d'écoles, soit par charité pour les Religieux privés de leur emploi et menacés de se trouver sans asile et sans pain, soit aussi par nécessité, ont recours aux Congréganistes sécularisés, Nous ne saurions que les en féliciter.

La loi n'interdit pas les sécularisations ; elle reconnaît pour le Congréganiste devenu simple laïque et muni des capacités exigées, le droit d'enseigner à titre individuel. Dans l'état actuel de la législation, si la sécularisation des Congréganistes est sincère, les poursuites engagées contre eux et contre les propriétaires pour ouverture d'école devraient aboutir à un acquittement, quel que soit le mauvais vouloir des tribunaux. Mais il faut que la sécularisation soit réelle et ne puisse pas être mise en doute : voilà pourquoi nous avons tant insisté sur la sincérité de la sécularisation.

La principale précaution qu'aura à prendre un propriétaire d'école qui emploiera des sécularisés sera donc de *s'assurer* que les anciens Religieux et Religieuses qui dirigeront son école sont bien *réellement laïcisés* et de *veiller* à ce que ces sécularisés ne *mènent plus la vie de communauté, rompent toutes relations avec leur ancienne Congrégation, et ne cherchent auprès de leurs anciens Supérieurs ni directions, ni conseils.* Il importe de bien établir aux yeux de tous que l'**école**, ni par son organisation, ni par son fonctionnement, ni d'aucune manière, **ne dépend d'une Congrégation.**

Pour entrer dans le détail, nous signalerons les précautions particulières suivantes qu'il est nécessaire de prendre, si l'on veut éviter des poursuites et une condamnation :

1° Si l'immeuble, dans lequel est installée l'école, appartient à une Congrégation, il faut tout d'abord louer cet immeuble, de préférence par un acte notarié ; si le mobilier des classes de cet immeuble appartient à une Congrégation, il faut aussi tout au moins le louer, si on ne peut s'en rendre acquéreur. Il serait préférable que ni l'immeuble scolaire, ni le mobilier ne fussent la propriété d'une Congrégation.

2° Le propriétaire choisira des Congréganistes sécularisés sérieux, prudents, comprenant bien leur situation et décidés à prendre toutes les précautions nécessaires pour éviter des poursuites ; il traitera, soit par écrit, soit devant témoins, **directement** avec eux toutes les questious de salaire et autres, relatives à l'ouverture, à l'organisation, au fonctionnement de l'école ; il tâchera d'avoir une preuve de ses conventions et de ses pourparlers *directs* avec les Congréganistes sécularisés.

En aucun cas, il ne se servira de l'entremise des Supérieurs de la Congrégation, soit pour la recherche des maîtres et maîtresses sécularisés, soit surtout pour les conventions de traitement et autres, concernant l'école. C'est un point très important.

3° Il aura soin de s'assurer tout d'abord de la réalité de la sécularisation des Congréganistes laïcisés, se fera montrer devant témoins leur lettre de sécularisation, le certihcat du Supérieur attestant qu'ils ne font plus partie de la Congrégation et qu'ils ont été rayés du registre du personnel. Il se fera donner par eux une déclaration écrite affirmant qu'ils sont sincèrement sécularisés et qu'ils n'appartiennent plus à aucune Congrégation.

4° Il déterminera, après discussion, le traitement qui sera alloué à chaque Congréganiste sécularisé, leur remettra ce salaire à chacun personnellement et se fera donner un reçu des sommes versées. Les Congréganistes sécularisés ne devront recevoir ni traitement, ni subside quelconque de leur ancienne Congrégation qui doit rester absolument étrangère à tout ce qui concerne les sécularisés et l'école.

5° Le propriétaire ne se désintéressera pas de la surveillance effective de l'école ; il ne permettra pas que les Supérieurs de la Congrégation s'immiscent en aucune manière dans son fonctionnement.

6° Il veillera avec soin à ce que les Congréganistes sécularisés, surtout s'ils habitent ensemble, ne suivent plus aucune règle de leur ancienne Congrégation, et ne mènent pas entre eux la vie de communauté.

7° Il veillera non moins soigneusement à ce que les Congréganistes sécularisés n'entretiennent plus aucun rapport avec leur ancienne Congrégation , n'en reçoivent ni lettres, ni circulaires, ni nécrologe, ni imprimé, ni envoi quelconque et qu'ils ne correspondent pas avec les Supérieurs de la Congrégation, ne leur rendent compte ni de leur vie privée, ni du fonctionnement de l'école, ne leur demandent ni instructions, ni directions, ni conseils.

8° Bien qu'il ne soit pas toujours facile de les réaliser, nous indiquons les conditions les plus favorables au fonctionnement d'une école dirigée par des Congréganistes sécularisés. Si on le peut, il est préférable d'avoir des Congréganistes sécularisés d'une Congrégation *autre* que celle des Congréganistes qui les ont précédés à l'école, d'avoir un directeur ou une directrice titulaire *laïque* avec des adjoints ou adjointes sécularisés.

Dans les écoles où il y a plusieurs Congréganistes sécularisés, il est préférable que ces Congréganistes sécularisés n'aient pas appartenu à la même Congrégation — qu'il y ait un mélange de maîtres laïques et de maîtres sécularisés, que la personne qui leur sert de domestique n'ait pas été congréganiste — enfin, si c'est possible, que les Congréganistes sécularisés habitent dans des maisons séparées et prennent leur repas isolément.

Toutes ces précautions minutieuses paraîtront bien pénibles à observer, et pourtant il est nécessaire, autant que possible, de ne pas les négliger, à cause de l'acharnement que mettent les Parquets à poursuivre les Religieux sécularisés et les propriétaires d'écoles qui les emploient et à cause des graves intérêts qui sont en jeu.

Une imprudence, une maladresse suffit pour déterminer une condamnation et la fermeture de l'école; et la fermeture de l'école, ce sont les âmes d'enfants privées de l'éducation chrétienne et exposées peut-être à perdre la foi de leur baptême.

Cette considération doit décider les Congréganistes sécularisés et les propriétaires d'écoles à s'imposer tous les sacrifices, quelque durs et ennuyeux qu'ils soient.

XIII

ARTICLES DE LOI RELATIFS AUX CONGRÉGANISTES ET AUX ÉTABLISSEMENTS CONGRÉGANISTES

Nous croyons utile de mettre sous les yeux des lecteurs le texte des principaux articles de loi qui visent les Congréganistes et les établissements congréganistes.

Loi sur les Associations du Iᵉʳ Juillet 1901

ARTICLE 8, § II. — Seront punis d'une amende de 16 à 5.000 francs et d'un emprisonnement de six jours à un an, les fondateurs, directeurs ou administrateurs de l'association qui se serait maintenue ou reconstituée illégalement après le jugement de dissolution.

Seront punis de la même peine toutes les personnes qui auront favorisé la réunion des membres de l'association dissoute, en consentant l'usage d'un local dont elles disposent.

. . . .

ARTICLE 13. — Aucune Congrégation religieuse ne peut se former sans une autorisation donnée par une loi qui déterminera les conditions de son fonctionnement.

Elle ne pourra former aucun nouvel établissement qu'en vertu d'un décret rendu en Conseil d'Etat.

La dissolution de la Congrégation ou la fermeture de tout établissement pourront être prononcées par décret rendu en Conseil des ministres.

ARTICLE 14. — Nul n'est admis à diriger, soit directement, soit par personne interposée, un établissement d'enseignement, de quelque ordre qu'il soit, ni à y donner l'enseignement, s'il appartient à une Congrégation religieuse non autorisée.

Les contrevenants seront punis des peines prévues par l'article 8, § II. La fermeture de l'établissement pourra, en outre, être prononcée par le jugement de condamnation.

. . . .

ARTICLE 16. — Toute Congrégation formée sans autorisation sera déclarée illicite.

Ceux qui en auront fait partie seront punis des peines édictées à l'article 8, § II.

La peine applicable aux fondateurs ou administrateurs sera portée au double.

Loi du 4 Décembre 1902

L'article 16 de la loi du 1ᵉʳ juillet 1901 est modifié ainsi qu'il suit :

« Seront passibles des peines portées à l'article 8, § II :

« 1° Tous individus qui, sans être munis de l'autorisation exigée par l'article 13, § II, auront ouvert ou dirigé un établissement congréganiste, de quelque nature qu'il soit, que cet établissement appartienne à la Congrégation ou à des tiers, qu'il comprenne un ou plusieurs Congréganistes;

« 2° Tous ceux qui auraient continué à faire partie d'un établissement dont la fermeture aurait été ordonnée conformément à l'article 13, § III.

« 3° Tous ceux qui auront favorisé l'organisation ou le fonctionnement d'un établissement visé par le présent article, en consentant l'usage d'un local dont ils disposent. »

XIV

LA LOI DU 4 DÉCEMBRE 1902

C'est surtout par application de la loi du 4 décembre 1902 que les Procureurs de la République poursuivent les Congréganistes sécularisés et les propriétaires d'écoles qui les emploient.

Cette loi punit d'une amende de 16 à 5.000 francs et de six jours à un an de prison tous ceux qui auront ouvert ou dirigé *un établissement congréganiste*. Elle punit de la même peine tous ceux qui auront continué à faire partie *d'un établissement congréganiste*, fermé par un décret, et tous ceux qui auront favorisé l'organisation ou le fonctionnement d'un établissement congréganiste, en consentant l'usage d'un local dont ils disposent.

Elle atteint donc à la fois et ceux qui dirigent *l'établissement congréganiste* et les propriétaires ou les locataires de l'immeuble dans lequel fonctionne *l'établissement congréganiste*. On le voit, cette loi n'est applicable que là où il y a **établissement congréganiste.**

Or, que faut-il entendre par établissement congréganiste ? La loi s'abstient de le définir et les auteurs mêmes de la loi se sont absolument refusés à indiquer ce que c'est qu'un établissement congréganiste. Étrange situation pour ceux qui sont atteints par cette loi ! On les poursuit quand ils dirigent un établissement congréganiste, et on refuse de leur faire connaître quand il y a établissement congréganiste. Ils commettent ainsi un délit sans savoir quand et comment ils le commettent !

Toutefois le Conseil d'Etat, dans un avis du 23 janvier 1902, a essayé de définir l'établissement congréganiste, lorsqu'il s'agit d'une école. D'après l'avis du Conseil d'Etat, une école est *congréganiste*, si le directeur titulaire de cette école, c'est-à-dire l'instituteur qui a fait la déclaration d'ouverture de l'école, est *congréganiste ;* l'école est *laïque*, si ce directeur titulaire est *laïque*.

M. Trouillot voit aussi une école congréganiste partout où « un ou plusieurs religieux liés par la discipline et la règle de leur ordre, placés sous l'action de leurs supérieurs, accomplissent des actes correspondant à la mission enseignante en vue de laquelle leur Congrégation s'est formée ».

Ces définitions sont inexactes, et les jurisconsultes n'ont pas eu de peine à en démontrer l'erreur. (Voir Henry Taudière, *Commentaire de la loi du 4 décembre 1902*, p. 318.)

Admettons les un instant, bien qu'elles soient erronées.

Il s'ensuit que là où le directeur de l'école n'est pas congréganiste, l'école n'est pas congréganiste, et par conséquent ne tombe pas sous le coup de la loi du 4 décembre 1902.

Si un ancien Religieux se sécularise réellement, il redevient un simple laïque : ceci n'est pas douteux. Dès lors, l'école qu'il dirige n'est pas une école congréganiste, mais une école laïque ; et les tribunaux ne peuvent condamner ni ce sécularisé redevenu un simple laïque, ni le propriétaire qui l'emploie. La loi reconnaît, en effet, à un congréganiste vraiment sécularisé le droit d'ouvrir une école.

Par conséquent, l'existence et l'avenir des écoles chrétiennes dirigées par des Congréganistes sécularisés dépend entièrement et exclusivement de **la réalité de leur sécularisation**. Voilà pourquoi, dans ces pages, nous avons tant insisté pour que le Congréganiste sécularisé donne, par sa conduite habituelle et constante, des preuves non équivoques de la sincérité de sa laïcisation ; voilà pourquoi nous recommandons avec tant d'instances aux propriétaires d'écoles de n'accepter, pour les diriger, que des sécularisés décidés à agir en tout et toujours comme des laïques, à éviter toute imprudence qui ferait douter de la loyauté de leur sécularisation.

XV

DÉCISIONS DES TRIBUNAUX

Nous ne pouvons relater ici tous les arrêts des tribunaux concernant les Congréganistes sécularisés et les propriétaires d'écoles poursuivis. Au 1er novembre 1903, ces arrêts s'élèvent déjà à plus d'une centaine. Les acquittements sont aussi nombreux que les condamnations.

Tous les tribunaux sont presque unanimes — au moins en principe — à reconnaître que c'est au ministère public à faire la preuve du délit, c'est-à-dire de la non-sécularisation des inculpés et la persistance en eux de l'état congréganiste ; — que cette preuve doit être basée non sur de simples allégations et de vagues présomptions, mais sur des faits extérieurs, matériels et certains — que la fraude ne doit pas se présumer mais être établie — que le doute sur l'existence du délit doit bénéficier au prévenu. Ce sont les règles ordinaires du droit en matière pénale.

La condamnation des Congréganistes sécularisés est généralement motivée par ce fait que *leur sécularisation est déclarée fictive*, parce qu'on a pu relever des preuves que les inculpés ont continué, après leur sécularisation, à vivre en commun, à observer les règles de leur Congrégation, à demander aux Supérieurs de leur Congrégation des instructions, des conseils, soit pour leur conduite privée, soit pour le fonctionnement de l'école, où qu'ils en ont reçu ; qu'ils ont été désignés et envoyés par leur ancien supérieur au poste qu'ils occupent ; que l'école où ils enseignent reste sous la direction et la dépendance de la Congrégation, etc.

La condamnation des propriétaires d'écoles, quand elle ne s'appuie pas sur le délit général de complicité, est ordinairement motivée par ce fait que les propriétaires se sont concertés avec la Congrégation pour l'organisation et le fonctionnement de leur école, qu'ils se sont servis de l'entremise des Supérieurs de la Congrégation, soit pour entrer en relations avec les Congréganistes sécularisés qu'ils emploient, soit pour passer les conventions de salaires et autres relatives à l'ouverture et au fonctionnement de l'école.

Quand il est démontré que la sécularisation des Congréganistes inculpés est réelle et sincère, que ceux-ci, après leur sécularisation, ont cessé d'observer les règles de leur Congrégation, ont vécu en laïques, se sont abstenus absolument de tous rapports avec leurs anciens Supérieurs, **il devrait y avoir acquittement**. Plusieurs tribunaux pourtant ont condamné sans preuves, sur de simples allégations du ministère public.

Les arrêts des tribunaux et des Cours d'appel sont du reste fort variables et contradictoires, selon les régions. Les uns condamnent, alors que, pour des faits et des situations identiques, d'autres avec raison acquittent. Un fait que l'on peut constater : les arrêts d'acquittement sont toujours sérieusement, juridiquement motivés ; ceux de condamnation ne le sont presque jamais.

La Cour de cassation, à la date du 1er août 1903, a rendu un arrêt important, dont les motifs semblent applicables aussi bien aux écoles primaires qu'aux écoles secondaires. Cet arrêt admet *la validité des sécularisations*, lorsqu'elles sont accomplies dans certaines conditions de fait. Ainsi la Cour de cassation a reconnu la validité des sécularisations qui lui étaient soumises parce que les anciens Congréganistes avaient été déliés de leurs vœux et rayés du registre du personnel de la Congrégation, qu'ils recevaient un traitement fourni par un tiers, qu'ils n'obéissaient plus à des règles conventuelles en vue de continuer à faire fonctionner une œuvre de la Congrégation, parce qu'aucun lien ne subsistait entre eux et leur ancienne Congrégation.

La Cour de cassation admet aussi que les Congréganistes sécularisés peuvent mener la vie en commun, quand « leur présence constante dans l'établissement est nécessaire dans l'intérêt de la discipline et pour assurer, de jour et de nuit, la garde des enfants ».

La présence constante des maîtres dans l'immeuble scolaire est aussi souvent nécessaire dans les écoles rurales, où les enfants restent toute la journée dans les bâtiments de l'école, y prennent leurs repas et leurs récréations entre la classe du matin et celle du soir, où parfois un petit pensionnat est annexé à l'école.

On lira avec intérêt les arrêts de la Cour de cassation (1er mai (1903) ; les jugements des Cours d'appel de Limoges (26 mai 1903), d'Orléans (27 octobre 1903), de Rouen (1er août 1903). Ces jugements sont publiés dans l'excellent *Bulletin* de la Société générale d'éducation.

Ainsi commencent à se préciser peu à peu, par les décisions des tribunaux, les règles de la sécularisation qu'un texte de loi n'a pas déterminées.

Les règles de sécularisation des Religieux et Religieuses peuvent *actuellement* se résumer en ces quatre points :

1º *Les Congréganistes sécularisés doivent être déliés de leurs vœux et rayés de la liste des membres de la Congrégation.*

2º *Ils doivent ne plus observer les règles conventuelles de leur Congrégation.*

3º *Ils doivent rompre tous liens avec leur Congrégation.*

4º *Ils doivent ne pas continuer à faire fonctionner une œuvre de leur Congrégation.*

XVI

DEVANT LES JUGES

Si le religieux sécularisé et le propriétaire de l'école sont poursuivis, ils prépareront soigneusement leur défense *avant* de comparaître devant le juge d'instruction.

Le religieux sécularisé recueillera tous les documents, toutes les preuves qui démontrent la réalité de sa laïcisation : lettre de sécularisation de l'Evêque, certificat de radiation de la liste des membres de la Congrégation, etc. Il notera tous les faits qui peuvent établir qu'il ne mène plus la vie en commun et n'observe plus les règles de sa Congrégation, qu'il touche lui-même un traitement alloué par une personne étrangère à la Congrégation et en dispose à son gré, etc. ; qu'il n'a plus de rapports avec ses anciens supérieurs, qu'il n'en reçoit plus ni ordres, ni conseils ; que l'école où il enseigne n'est pas sous la direction de la Congrégation, et ne fonctionne ni aux frais ni au profit de la Congrégation.

Arrivé devant le juge d'instruction, il demandera tout d'abord s'il est interrogé comme témoin ou comme inculpé ; dans ce dernier cas il a le droit d'être assisté d'un avocat. Souvent le juge d'instruction interrogera en premier lieu le sécularisé comme témoin ; puis, avant un second interrogatoire, il le transformera en inculpé. Quoi qu'il en soit, le religieux sécularisé n'oubliera pas que sa condamnation ou son acquittement dépendra surtout de ce qu'il aura dit à l'instruction. Il sera donc très prudent et réfléchira toujours avant de répondre. Qu'il ne se laisse pas troubler par les questions parfois insidieuses du magistrat instructeur. Il exposera clairement et nettement toutes les preuves de sa sécularisation. Pour mieux préciser sa pensée il aura soin d'en faire un résumé écrit, qu'il soumettra d'avance à un avocat. Il dira au juge d'instruction : 1° *qu'il est relevé de ses vœux de religion* et il le prouvera par sa lettre de sécularisation et par les démarches qu'il a faites pour l'obtenir ; 2° *qu'il n'appartient plus à la Congrégation*, et il le prouvera par le certificat de radiation qu'il aura demandé à ses anciens supérieurs ; 3° *qu'il ne continue plus la vie de communauté et n'observe plus les règles de la Congrégation* et il le prouvera par le menu détail de sa vie quotidienne *toute différente* de celle qu'il menait lorsqu'il était congréganiste ; 4° *qu'il n'agit plus au nom et pour le compte de la Congrégation*, et il le prouvera par son abstention de tous rapports avec la Congrégation, par le traitement qu'il reçoit d'un tiers et dont il dispose à son gré et profit personnel, par le fait que la Congrégation n'exerce aucune direction, aucun contrôle dans le fonctionnement de l'école où il enseigne, etc.

Il demandera au juge d'instruction l'insertion de toutes ces preuves dans le procès-verbal de son interrogatoire. Il ne signera pas cet interrogatoire sans que lecture lui en ait été faite. S'il s'aperçoit que quelque erreur défavorable à sa cause s'y est glissée, il en demandera la rectification ; si quelque chose favorable à sa cause a été omis, il en réclamera l'insertion ; qu'il ne se laisse pas intimider par le mauvais vouloir du juge ; qu'il ne craigne pas de parler et de revendiquer tous ses droits ; si l'on ne tient pas compte de ses justes demandes, qu'il proteste et réclame l'insertion de sa protestation au procès-verbal de l'interrogatoire ; qu'il ne laisse mettre à son dossier rien d'inexact qui puisse lui être défavorable et, si c'est nécessaire, qu'il refuse de signer un interrogatoire erroné.

Le propriétaire de l'école agira de même et prendra les mêmes précautions ; il prouvera au juge d'instruction sa bonne foi et son intention de se conformer à la loi ; il montrera que les religieux qu'il emploie sont bien sécularisés et que son école ne dépend en aucune façon de la Congrégation.

Si c'est utile, les inculpés feront comparaître des témoins pour confirmer la vérité de leurs affirmations.

A l'audience, les inculpés, en répondant aux questions du Président, exposeront nettement toutes les preuves de leur innocence, sans se laisser nullement intimider. Les dépositions des prévenus ont une grande importance parce que c'est sur ces dépositions bien plus que sur les plaidoiries des avocats, que les magistrats appuieront leur jugement. Tout en confiant leur cause à un très bon avocat, les inculpés feront bien de préparer et d'exposer eux-mêmes leur défense, s'ils le peuvent.

Si le Procureur ou l'Avocat général, dans son réquisitoire, avance quelque erreur, ils ne l'interrompront pas, mais, avant la fin des débats, ils demanderont la parole pour réfuter ce qui est faux et rétablir la vérité. Si le Procureur apporte des faits inexacts ou de simples allégations, les défenseurs ne cesseront de lui demander de faire la preuve de ces faits et de ces allégations, et ils feront constater que la preuve du délit n'a pas été faite. C'est essentiel. Quand le Ministère public ne peut pas prouver ses accusations, les juges ne doivent pas condamner. Que les inculpés n'aient donc pas peur et fassent hardiment prévaloir leur bon droit !

Si les prévenus sont condamnés, ils feront bien, s'ils le peuvent, d'appeler du jugement soit en Cour d'appel, soit même en Cour de cassation. Ils auront ainsi des chances d'être acquittés ; de plus ils rendront service à la cause de l'enseignement chrétien en faisant déterminer par les tribunaux les conditions encore mal définies de la sécularisation.

Aux poursuivis, nous disons de tout cœur : Pas de crainte, courage, confiance, dussiez-vous succomber, défendez quand même votre droit énergiquement et jusqu'au bout.

XVII

L'AVENIR DES ÉCOLES CATHOLIQUES

Si la persécution haineuse, qui sévit en ce moment contre l'enseignement chrétien, continue, il est à craindre que, bientôt peut-être, les rares écoles congréganistes qui subsistent encore — on en a fermé déjà plus de 10.000 — disparaissent, et que les Maisons-mères, les Congrégations enseignantes autorisées elles-mêmes ne soient aussi supprimées. Nos adversaires veulent la destruction de toutes les Congrégations quelles qu'elles soient. Ce sera la ruine complète et absolue de tout l'enseignement congréganiste.

Comment assurer quand même la persistance de l'éducation chrétienne dans les écoles libres, tant que la liberté d'enseignement subsistera et le permettra ? — Par le recrutement et la formation **d'un personnel laïque chrétien.** C'est une œuvre urgente à l'heure actuelle. Où les catholiques pourront-ils trouver ce personnel ? D'une part, parmi les instituteurs et institutrices laïques chrétiens qui existent déjà, parmi les jeunes filles et jeunes gens chrétiens que l'on pourra lancer dans la carrière de l'enseignement libre et en majeure partie, parmi les anciens

Religieux et Religieuses sécularisés des Congrégations enseignantes.

Les Congrégations disparues, ou ne pouvant plus s'occuper du recrutement, de la formation, de la direction de ce personnel, qui s'en chargera ? Le moyen qui nous semble le meilleur, le plus efficace, le plus durable, c'est la constitution immédiate dans chaque département, dans chaque région, d'un *Comité de l'enseignement libre*. Ces Comités, fonctionnant sous la forme d'une Association déclarée et autorisée par la loi, auront pour but de fournir aux écoles des maîtres et maîtresses laïques chrétiens, de défendre les intérêts moraux et matériels de ces instituteurs, institutrices et auxiliaires de l'enseignement libre laïque, de contribuer à leur formation professionnelle, à leur placement, de leur venir en aide dans certaines épreuves de la vie, surtout dans la maladie et la vieillesse, etc.

Des Comités de ce genre, composés d'honorables laïques et de prêtres, existent déjà dans plusieurs départements, notamment à Angers, au Mans, à Rouen, à Luçon, à Cambrai, à Paris, à Nevers, à Bordeaux, à Séez, etc. Ils rendent les plus grands services à la cause de l'enseignement libre.

Il est nécessaire que des Comités semblables soient créés dans tous les diocèses et nous osons recommander instamment cette Œuvre de la plus haute importance au zèle des ecclésiastiques et des catholiques qui, par leur situation et leurs aptitudes, peuvent en prendre l'initiative et la mener à bien.

Pour les renseignements sur la constitution de ces Comités et l'action multiple qu'ils peuvent exercer, s'adresser à M. l'abbé Laude, 53, rue Saint-Vincent, Le Mans.

Si, dans la tourmente de persécutions qui sème en ce moment tant de ruines dans notre chère France, la liberté d'enseignement elle-même vient à être détruite, il n'y aura pas encore lieu de nous décourager et d'abandonner la cause de l'enseignement chrétien.

Il faudra organiser partout, dans chaque hameau, dans chaque paroisse, **l'enseignement familial** qui est, du reste, la méthode naturelle, bien moins facile sans doute, mais celle qui ramènera les parents à la pratique d'un devoir essentiel en matière d'enseignement et d'éducation. Les catholiques surent utiliser cette méthode pendant la Grande Révolution de 1793.

L'enseignement familial, c'est l'instruction donnée en particulier aux enfants d'une même famille par des personnes brevetées ou non. Cet enseignement est légal et ne saurait être interdit.

Partout donc où l'école chrétienne disparaît ou n'existe pas, il est nécessaire, malgré les difficultés qu'il présente, d'établir immédiatement, si on le peut, cet enseignement particulier et familial qui, *s'il est bien organisé*, produira presque tous les fruits de l'école chrétienne.

Faute de place, nous ne pouvons entrer ici dans le détail de l'organisation de cet enseignement. On trouvera sur ce sujet important tous les renseignements utiles dans l'excellent *Manuel pratique des écoles libres* de M. l'abbé Laude. Ce livre devrait être entre les mains de toutes les personnes qui ont à s'occuper des questions de l'enseignement libre.

Ne nous décourageons jamais, maintenons, tant que ce sera possible, les écoles chrétiennes, et là où elles ne peuvent exister, créons *l'enseignement familial*. Prions, agissons, aidons-nous de toutes nos forces et Dieu nous aidera et nous donnera la victoire !

SAINT-MAIXENT. — IMPRIMERIE E. PAYET